Schleswig-Holstein und seine Küche

Traditionelle Gerichte
neu entdecken

EDITION XXL

Inhalt

Vorwort

Die schleswig-holsteinische Küche verbindet norddeutsche Bodenständigkeit mit kulinarischen Einflüssen aus Niedersachsen, Dänemark und Friesland. Die Ostküstenlage und auch das raue Klima des Bundeslandes spiegeln sich in den gutbürgerlichen Speisen – ob süß oder herzhaft – wider.

Kontrast ist das, was den besonderen Geschmack der Regionalküche ausmacht. So verbindet man gerne süße Aromen mit sauren oder salzigen Noten, wie auch in einem der bekanntesten Gerichte, „Groten Heini" – eine Kombination aus Birnen, grünen Bohnen und Speck mit Kartoffeln.

Auch Fisch und Meeresfrüchte haben einen sehr hohen Stellenwert und werden auf unterschiedlichste Weise zubereitet, mal als Suppeneinlage, mal als Sülze oder Gulasch. Süße Verführungen aus dem Backofen und leckere Desserts gehören ebenfalls auf den Speiseplan der Schleswig-Holsteiner und sind es wert, gekostet zu werden.

Diese und weitere Köstlichkeiten aus dem hohen Norden sind in dieser Rezeptsammlung zusammengetragen und warten nur darauf, von Ihnen ausprobiert zu werden. Lassen Sie die frische Brise der Ostseeküste durch Ihre Küche wehen und tischen Sie Hausmannskost auf, die durch ihren rustikalen Charakter besticht.

Guten Appetit oder wie man auf Plattdeutsch sagen würde: Smakelk Eten!

Büsumer Krabben-Cocktail

In Büsum, wo viele Krabben direkt vom Kutter an Gäste aus dem Binnenland verkauft werden, erzählen die Fischer gern ihre „Döntjes". Eine dieser kleinen, lustigen Anekdoten ist z. B., die Krabben seien deshalb so teuer, weil man sie einzeln angeln müsse.

Zutaten für 4 Personen

4 Salatblätter
400 g Nordsee-Krabbenfleisch
250 ml süße Sahne
4 EL Tomatenketchup
Saft von ½ Zitrone
1 Msp. Cayennepfeffer
1 EL Weinbrand
1 EL geriebener Meerrettich
2 unbehandelte Zitronen
2 EL gehackte Petersilie
Salz

Zubereitung

1. Die Salatblätter auf 4 Glasschalen verteilen und das abgespülte und trockengetupfte Krabbenfleisch darauf anrichten.
2. Die Sahne steif schlagen. Anschließend den Ketchup, den Zitronensaft, den Cayennepfeffer – sparsam dosieren! –, den Weinbrand, etwas Salz und den Meerrettich vorsichtig unter die geschlagene Sahne mischen und alles pikant abschmecken. Die Sahnesoße über die Krabben geben.
3. Die Zitronen heiß abwaschen, gründlich trocken reiben und in Achtel schneiden. Danach die Spalten auf den Glasrand platzieren. Mit Petersilie bestreuen und als Beilage Buttertoast oder Baguette servieren.

Helgoländer *Hummer-Cocktail*

Hummer ist der König unter den Schalentieren. Diese teure Delikatesse veredelt jede Tafel und wird im Norden zu besonderen Gelegenheiten gerne aufgetischt.

Zutaten für 4 Personen

300 g Hummerfleisch
1 kleine Sellerieknolle
150 g gedünstete, kleine Champignonköpfe
300 g Salat-Mayonnaise
Salz
weißer Pfeffer

Zum Anrichten:
4 Pampelmusen- oder Grapefruitschalen
4 Salatblätter
1 EL Tomatenketchup

Zubereitung

1. Das Hummerfleisch vorsichtig zerkleinern. Die Sellerieknolle schälen, ganz klein würfeln und mit dem Hummerfleisch und den Champignons vermischen. Mit der Mayonnaise verrühren und mit Salz und Pfeffer feinwürzig abschmecken.

2. Die Pampelmusenschalen vom Fruchtfleisch befreien und mit je einem Salatblatt auslegen. Den Hummer-Cocktail mit dem zerkleinerten Fruchtfleisch mischen, in die Schalen füllen und mit einem Klecks Tomatenketchup garniert servieren. Als Beilage geröstetes Weißbrot reichen.

Muschel-Spießchen

Überwiegend an der Nordseeküste, seltener in der Ostsee, werden die Muscheln in großen Kulturen aufgezogen und im Herbst geerntet.

Zutaten für 6–8 Personen

je nach Größe 24–32 frische Miesmuscheln
2 Bund Suppengrün
1 l trockener Weißwein
2 mittelgroße Zwiebeln
1 großes Lorbeerblatt
24–32 kleine Scheiben Räucherspeck
40 g Butter
200 g Paniermehl
2 EL Zitronensaft
Salz
weißer Pfeffer

Zubereitung

1. Die Miesmuscheln gründlich waschen, putzen und den Bart entfernen. Das Suppengrün putzen, waschen und klein schneiden. Die Muscheln mit dem Suppengrün und dem Wein in einem hohen Topf kalt aufsetzen. Die Zwiebeln abziehen und grob hacken. Mit Salz, Pfeffer und dem Lorbeerblatt zu den Muscheln geben und aufkochen. Danach ca. 15 Minuten bei geringer Hitze ziehen lassen.

2. Wenn sie gar sind, die Muscheln aus der Schale lösen. Muscheln, die sich beim Kochen nicht geöffnet haben, müssen weggeworfen werden!

3. Das Muschelfleisch abwechselnd mit den Speckscheiben auf hölzerne Spieße stecken. Die Butter in einer Pfanne erhitzen und die Spieße darin rundherum kurz anbraten. Im Paniermehl wenden und im Backofen in einer feuerfesten Form bei starker Oberhitze ca. 4 Minuten überbacken. Mit dem Zitronensaft, Salz und Pfeffer abschmecken und sofort servieren. Als Beilage passt Weißbrot mit frischer Butter dazu.

Bereits geöffnete Muscheln können verdorben sein. Hier hilft der Klopftest: Klopfen Sie die Muschel auf einen Tisch. Schließt sie sich, kann sie weiterverarbeitet werden. Bleibt sie offen, muss sie weggeworfen werden.

Flensburger *Aal*

Im ganzen Land findet man Aal auf den Speisekarten oder frisch geräuchert zum Mitnehmen. Meist unterscheiden sie sich durch die Zusammensetzung der glimmenden Holzspäne, über deren Rauch sie so herrlich goldgelb werden.

Zutaten für 4 Personen

500 g geräucherter Aal
8 Eier
6 EL süße Sahne
2 EL Butter
2 EL Schnittlauchröllchen
4 Scheiben einer unbehandelten Zitrone
Salz
schwarzer Pfeffer

Zubereitung

1. Den Aal enthäuten und entgräten. Das Fleisch in Stücke schneiden.

2. Die Eier in einer Schüssel mit der Sahne verquirlen und mit Salz und Pfeffer würzen. Die Butter in einer Pfanne erhitzen und das Eiergemisch darin bei geringer Hitze unter leichtem Rühren stocken lassen.

3. Das Rührei auf Tellern anrichten, die Aalstücke darauf verteilen und mit dem Schnittlauch bestreuen. Mit den Zitronenscheiben garniert servieren. Als Beilage passt frisches Vollkornbrot mit Butter.

Kieler **Sprotten**

Neben Holsteiner Schinken haben es von den friesischen Spezialitäten nur noch die Kieler Sprotten geschafft, weltbekannt zu werden. Früher hielt man die Sprotten übrigens für zu klein geratene Heringe.

Zutaten für 4 Personen

8 Eier
8 Sprotten
einige Salatblätter
Salz
Pfeffer

Zubereitung

1. Aus den 8 Eiern ein Rührei zubereiten und dieses mit Salz und Pfeffer abschmecken.

2. Die Salatblätter waschen und auf einen Teller legen. Die Sprotten und das Rührei darauf anrichten. Dazu Korn und Bier reichen.

Lammtopf
mit grünen Bohnen

Wenn die Bohnen reif sind, haben auch die Lämmer die richtige Schlachtgröße. Aus der Kombination entstand dieser traditionelle Eintopf.

Zutaten für 4 Personen

600 g Lammfleisch vom Nacken
2 große Zwiebeln
1 kg grüne Bohnen
1 Zweig Bohnenkraut
750 g Kartoffeln
2 EL gehackte Petersilie
Salz
schwarzer Pfeffer

Zubereitung

1. Das Fleisch in mundgerechte Würfel schneiden. Die Zwiebeln abziehen und in grobe Würfel schneiden. Fleisch und Zwiebeln in reichlich Wasser aufkochen und ca. 30 Minuten gut durchkochen lassen. Dann die geputzten und gebrochenen grünen Bohnen zum Fleisch geben. Das Bohnenkraut auf die Brühe legen. Nach weiteren 25 Minuten die geschälten und in nicht zu kleine Würfel geschnittenen Kartoffeln dazugeben.

2. Weiterkochen lassen, bis die Kartoffeln gar sind und dem Lammtopf etwas Bindung geben. Danach das Bohnenkraut entfernen. Den Eintopf mit Salz und Pfeffer abschmecken und mit der Petersilie bestreut servieren.

Helgoländer *Fischtopf*

Landwirtschaft war auf der „roten Insel“ mitten in der Nordsee kaum möglich. Der Fischfang bildete die Nahrungsgrundlage. Fisch gab es daher in allen Variationen, auch als delikaten Eintopf.

Zutaten für 4 Personen

750 g küchenfertiger See-Aal
100 g magerer Räucherspeck
20 g Butter
500 g feine, ausgepalte Erbsen
1 EL Tomatenmark
3 EL Fischfond
3 EL saure Sahne
1 EL Speisestärke
½ TL Paprika edelsüß
1 EL gehackte Petersilie
Salz
schwarzer Pfeffer

Zubereitung

1. Den Aal in ca. 3 cm lange Streifen schneiden. Den Speck in feine Würfel schneiden und in einem Topf auslassen, dann die Butter dazugeben und die Aalstücke, mit etwas Salz und Pfeffer bestreut, darin rundherum anbraten.

2. Die Erbsen waschen, das Tomatenmark mit dem Fischfond verrühren und alles zum Fisch geben. Ca. 4 Minuten bei geringer Hitze köcheln lassen, dann die Sahne einrühren und den Suppenfond mit der Speisestärke binden. Mit dem Paprika, Salz und Pfeffer pikant abschmecken. Mit der gehackten Petersilie bestreut servieren. Als Beilage eignen sich Petersilienkartoffeln.

Frische Suppe
nordfriesische Art

In allen Teilen des Landes „zwischen den Meeren" gibt es unterschiedliche Rezepte für diese delikate Suppe. Früher hatte fast jede Hausfrau ihre ganz spezielle Zubereitungsart, die sich meist nach den Erträgen der Bauerngärten richtete.

Zutaten für 4–6 Personen

2 Bund Suppengrün
750 g Suppenfleisch
einige Markknochen
je 250 g grüne Bohnen, Kohlrabi und Möhren
Salz
schwarzer Pfeffer

Für die Klößchen:
1 EL Butter
ca. 200 g Mehl
1 Ei
1 Eigelb
geriebene Muskatnuss
Salz

Zubereitung

1. Das Suppengrün putzen, waschen und klein schneiden. Das Fleisch und die Knochen in ca. 1 ½ Litern kaltem Wasser zusammen mit dem Suppengrün aufsetzen und ca. 90 Minuten bei mittlerer Hitze kochen. Den entstehenden Schaum ab und zu mit einer Schaumkelle abschöpfen.

2. Das Fleisch herausnehmen, die Brühe durch ein Sieb in einen Topf passieren und salzen und pfeffern. Danach auf ca. 1 Liter einkochen lassen.

3. Die Bohnen, Möhren und den Kohlrabi waschen, putzen bzw. schälen und klein schneiden. In die Brühe geben und darin bei geringer Hitze gar ziehen lassen.

4. Für die Suppenklößchen 250 ml Wasser mit etwas Salz und der Butter aufkochen. Das Mehl einrühren, bis sich ein Kloß gebildet hat. Vom Herd nehmen und abkühlen lassen. Danach das ganze Ei und das Eigelb in den Teig rühren. Mit etwas Muskatnuss abschmecken.

5. Mit 2 Teelöffeln kleine Klößchen formen und diese in die Suppe geben. Ca. 5 Minuten gar ziehen lassen. Die heiße Suppe mit Roggenbrot servieren.

Je nachdem, welches Gemüse im Garten gerade Saison hat, wird die Suppe variiert. Als Gemüseeinlage ist auch Blumenkohl sehr gut geeignet.

Granat mit Ei

Nur mit den echten Nordseegarnelen (Granat) wird dieses Gericht zum Büsumer Original.

Zutaten für 4 Personen

4 Eier
3 EL Milch
1 Prise Salz
125 g Granat

Zubereitung

1. Die Eier mit der Milch und dem Salz verquirlen und ausbacken.

2. Das Rührei neben dem Granat auf einem Teller servieren und dazu ofenfrisches Schwarzbrot mit Butter reichen.

Fischsuppe Sylt

Das Leben auf der Insel war früher hart und eintönig. Fleisch war teuer, deshalb musste Fisch als Ersatz die Grundlage vieler Speisen sein. So entstanden im Laufe der Zeit zahlreiche Rezepte, die wir heute als besonders schmackhaft ansehen.

Zutaten für 4 Personen

250 g Heilbuttfilet
250 g Rotbarschfilet
Saft von ½ Zitrone
1 ¼ l Fleischbrühe,
Fischbrühe oder -fond
4 Zwiebeln
1 Lorbeerblatt
2 Petersilienwurzeln
3 Gewürzgurken
½ Sellerieknolle
6 kleine Tomaten
125 ml Weißwein
1 TL geriebener Meerrettich
2 EL gehackter Dill
Salz

Zubereitung

1. Die Fischfilets mit dem Zitronensaft beträufeln und ca. 5 Minuten ziehen lassen. Die Brühe erhitzen, etwas Salz, die abgezogenen, in Scheiben geschnittenen Zwiebeln und das Lorbeerblatt dazugeben. Aufkochen und den Fisch hineingeben. Bei geringer Hitze ca. 10 Minuten ziehen lassen, dann die Filets herausnehmen und warm stellen.

2. Die Petersilienwurzeln schälen und reiben, die Gewürzgurken in Scheiben schneiden. Den Sellerie schälen und in dünne Streifen schneiden. Die Tomaten mit kochendem Wasser überbrühen, häuten und halbieren. Alles in der Suppe ca. 5 Minuten ziehen, aber nicht kochen lassen. Dann den Weißwein angießen und den geriebenen Meerrettich einrühren.

3. Die Fischfilets vorsichtig zerpflücken und in der Suppe nochmals kurz erhitzen. Mit dem Dill bestreut servieren.

Angelner **Schnüsch**

Milch gab das Vieh, Gemüse hatte man im Garten, Kartoffeln sowieso. Als Beilage diente ein Stück vom restlichen Schinken oder ein Hering. Was einst als „Spargericht" gedacht war, ist auch heute noch eine sättigende Mahlzeit – und zudem sehr lecker!

Zutaten für 4 Personen

200 g Erbsen
250 g Möhren
250 g Brechbohnen
250 g Kartoffeln
500 ml Milch
3 EL gehackte Petersilie
60 g Butter
Zucker
Salz
weißer Pfeffer

Zubereitung

1. Die Erbsen palen, die Möhren putzen, schälen und in Scheiben schneiden. Beide Gemüse zusammen in wenig Wasser mit etwas Salz und Zucker garen.

2. Die Brechbohnen putzen und waschen, dann mit Salz in wenig Wasser garen. Die Kartoffeln in der Schale kochen, etwas abkühlen lassen, dann pellen und in Scheiben schneiden.

3. Die Milch mit der Petersilie und der Butter aufkochen, das Gemüse und die Kartoffelscheiben mit 4 Esslöffel Kochbrühe hineingeben und mit Salz, Pfeffer und Zucker süß-pikant abschmecken. Dazu passt Katenschinken in Scheiben.

Kerbelsuppe

Die Kerbelsuppe, manchmal auch Eckernförder Kerbelsuppe genannt, gibt es in zahlreichen Variationen, da Kerbel früher in fast allen Bauerngärten wuchs.

Zutaten für 4 Personen

1 l Fleischbrühe
1 EL Mehl
125 ml kalte Milch
125 ml süße Sahne
2 Eigelb
6 EL gehackter Kerbel
Salz
weißer Pfeffer

Zubereitung

1. Die Brühe aufkochen, das Mehl in der Milch verquirlen und langsam in die Brühe rühren. Bei geringer Hitze ca. 10 Minuten ziehen lassen, dann den Herd ausschalten.

2. Die Sahne mit den Eigelben verquirlen und ebenfalls in die Brühe rühren. Danach 5 Esslöffel Kerbel in die Suppe rühren und mit Salz und Pfeffer würzen. Mit dem restlichen Kerbel bestreuen und heiß servieren.

Angelner Schnüsch
Kerbelsuppe

Schleswiger
Groten Heini

Dieser Eintopf enthält die im Norden typische süß-saure Geschmacksnote. Früher war er eine willkommene Abwechslung zu den sonst eher eintönigen Alltagsgerichten.

Zutaten für 4–6 Personen

500 g junge, kleine Kartoffeln
500 g Brechbohnen
500 g durchwachsener Räucherspeck in Scheiben
500 g kleine Kochbirnen
2 EL gehackte Petersilie
Salz
schwarzer Pfeffer

Zubereitung

1. Die ganzen Kartoffeln in Salzwasser garen, etwas abkühlen lassen, dann pellen.
2. Die Bohnen putzen, waschen, mit dem Räucherspeck in wenig Salzwasser aufkochen und ca. 10 Minuten garen. Dann herausnehmen und warmstellen.
3. Die Birnen schälen, halbieren und entkernen, dann in den Kochsud geben und garziehen lassen. Den Kochfond mit Salz und Pfeffer abschmecken.
4. Die Bohnen in eine flache und vorgewärmte Schüssel legen. Die Kartoffeln drum herum setzen, Speck und Birnen darüber anrichten. Mit der Brühe übergießen und mit der Petersilie bestreut servieren.

Probsteier **Bohnensuppe**

Noch heute werden in der traditionsreichen Probstei Bohnen samt Kraut unter Vordächern zum Trocknen aufgehängt. Aus ihnen wird diese Bohnensuppe zubereitet.

Zutaten für 4 Personen

500 g weiße Bohnen
250 g Schinkenspeck am Stück
1 Bund Suppengrün
300 g kleine Kartoffeln
1 Zwiebel
250 g Brechbohnen
1 EL Butter
1 EL Mehl
2 EL gehackte Petersilie
1 EL gehacktes Bohnenkraut
Salz
schwarzer Pfeffer

Zubereitung

1. Die weißen Bohnen ca. 12 Stunden in Wasser einweichen. Vor dem Kochen abspülen und mit dem Schinkenspeck mit Wasser bedeckt bei mittlerer Hitze in ca. 20 Minuten gar kochen.

2. Das Suppengrün putzen, waschen und klein schneiden. Die Kartoffeln schälen und in Würfel schneiden. Die Zwiebel abziehen und klein hacken. Die Brechbohnen waschen und putzen. Das Gemüse und die Zwiebel zu den Bohnen geben und gar kochen.

3. Aus der Butter und dem Mehl eine dunkle Mehlschwitze herstellen und die Suppe damit andicken. Den Schinkenspeck herausnehmen und in Scheiben schneiden, danach wieder in die Suppe geben. Mit Salz und Pfeffer abschmecken und mit der Petersilie und dem Bohnenkraut bestreut servieren.

Fliederbeerensuppe
Kieler Art

Neben den beliebten Weinsuppen gab es schon immer Obstsuppen. Fliederbeeren, auch Holler- oder Holunderbeeren genannt, wachsen häufig wild an Weiden- und Wegrändern und brauchen nur gepflückt zu werden.

Zutaten für 4 Personen

1 kg abgestreifte Holunderbeeren
4 EL Zucker
3 säuerliche Äpfel
250 g entsteinte Pflaumen

Für die Klößchen:
125 ml Milch
1 EL Butter
60 g Mehl
1 Ei
Salz

Zubereitung

1. Die Holunderbeeren mit 125 ml Wasser langsam zum Kochen bringen. Den Zucker einrühren und ca. 10 Minuten kochen, dann durch ein Sieb in einen zweiten Topf passieren, die Früchte im Sieb mit einem Löffel gut ausdrücken.

2. Den Saft erhitzen. Die Äpfel schälen, entkernen und in dünne Spalten schneiden, dann in den Saft geben und weich ziehen lassen. Die Pflaumen einige Minuten nach den Apfelstücken in die Suppe geben und ebenfalls gar ziehen lassen. Die Suppe abschmecken und, wenn gewünscht, etwas nachzuckern.

3. Für die Klöße die Milch mit der Butter und etwas Salz aufkochen, das Mehl hineinrühren, bis sich ein Kloß bildet, etwas abkühlen lassen und danach das Ei einrühren. Von dem Teig mit 2 Teelöffeln kleine Klößchen abstechen und in der Fliederbeerensuppe gar ziehen lassen.

Holunderbeeren haben im September Saison. Es ist zwar etwas aufwändig, die reifen Beeren von den Dolden zu streifen, aber der Genuss entschädigt für die Mühe. Außerdem sind Holunderbeeren sehr gesund: Sie enthalten reichlich Vitamine!

Lübecker *Krebssuppe*

In der wohlhabenden Hansestadt gehörte die Krebssuppe seit jeher zu den Favoriten der Küche. Jede Hausfrau hatte ihr ganz spezielles Rezept, zu dem häufig auch ein Gläschen „Rotspon" getrunken wurde.

Zutaten für 4 Personen

½ Bund Dill
12 lebende Suppenkrebse
40 g Butter
30 g Mehl
1 TL Fleischextrakt
Saft von ½ Zitrone
½ TL Worcestersauce
4 EL geschlagene ungesüßte Sahne
Zucker
Salz
weißer Pfeffer

Zubereitung

1. Etwa 3 Liter Salzwasser aufkochen und den Dill dazugeben. Die gereinigten Krebse in das kochende Wasser geben und zugedeckt ca. 15 Minuten kochen lassen.

2. Danach die Krebse herausnehmen und abkühlen lassen. Die Scheren und Schwänze aufschneiden. Das Fleisch herauslösen und den Darm entfernen. Die Fleischstücke zerteilen und beiseitestellen.

3. Die Krebsschalen abspülen, abtrocknen und in einem Mörser fein zerstoßen. Die Butter in einem Topf erhitzen und die zerstoßenen Krebsschalen darin anrösten. Das Mehl dazugeben und unter Rühren ca. 1 Minute rösten lassen. Mit 1 Liter der Krebsbrühe auffüllen und ca. 5 Minuten kochen lassen.

4. Die Brühe durch ein Sieb passieren, den Fleischextrakt einrühren und kurz aufkochen lassen. Mit etwas Zucker, Salz, Pfeffer, dem Zitronensaft und der Worcestersauce abschmecken.

5. Das Krebsfleisch in die Suppe geben. In Suppentassen füllen und je 1 Esslöffel Sahne darauf geben.

Für die höheren Töchter der reichen Hansestadt Lübeck war das Erlernen der Zubereitung von Schalentieren ein absolutes Muss. An diese Zeiten erinnern heute noch die eindrucksvollen Bürgerhäuser, wie z. B. das Buddenbrookhaus.

abgefüllt durch
D-23552 Lübeck

Tönninger
Aal in Gelee

Aal in allen Variationen erfreut sich großer Beliebtheit. Für dieses Rezept benötigt man grünen Aal – das ist frischer Aal, der weder geräuchert noch anderweitig vorbehandelt wurde.

Zutaten für 4 Personen

1 Ei
1 Zwiebel
2 Möhren
125 ml trockener Weißwein
10 Pimentkörner
1 kg grüner Aal
1 Eiweiß
12 Blatt Gelatine
1 TL Salz
10 weiße Pfefferkörner

Zubereitung

1. Das Ei in 8 bis 10 Minuten hart kochen, schälen und abkühlen lassen.

2. Die Zwiebel abziehen und die Möhren putzen und waschen. Den Essig mit dem Wein und 750 ml Wasser vermischen, mit der ganzen Zwiebel, den Piment- und Pfefferkörnern, dem Salz und den unzerkleinerten Möhren aufkochen und ca. 5 Minuten ziehen lassen.

3. Den küchenfertigen Aal enthäuten, in ca. 5 cm lange Stücke schneiden und in den Sud geben. Bei geringer Hitze ca. 15 Minuten gar ziehen lassen. Die Aalstücke in dem Sud erkalten lassen, dann herausnehmen und in eine längliche Terrine legen. Das Eiweiß leicht steifschlagen.

4. Die Brühe durch ein Sieb in einen Topf passieren und mit dem Eiweiß unter Rühren aufkochen. Erneut durch ein Sieb in einen Topf passieren.

5. Die Möhren und das hartgekochte Ei in Scheiben schneiden und auf die Aalstücke in der Form legen.

6. Die Gelatine kalt einweichen und in der heißen Brühe lösen – pro Liter Flüssigkeit ca. 12 Blatt Gelatine –, dann leicht abkühlen lassen und über die Aalstücke gießen. Kühl stellen und nach dem Erstarren in Scheiben schneiden.

Helgoländer *Fischgulasch*

Auf dem roten Felsen Helgolands gibt es kaum Vieh, da der Boden sich nicht für die Landwirtschaft eignet. Seit Urzeiten mussten die Bewohner also das essen, was das Meer hergab. Sie entwickelten zahlreiche Gerichte, die wir heute als Klassiker bezeichnen.

Zutaten für 4 Personen

500 g Fischfilet (z. B. Kabeljau, Schellfisch, Rotbarsch oder Seelachs)
Saft von 1 Zitrone
500 g Kartoffeln
1 Bund Frühlingszwiebeln
2 EL Butter
125 ml trockener Weißwein
125 ml Fischfond
1 Lorbeerblatt
5 weiße Pfefferkörner
3 Wacholderbeeren
1 Salatgurke
1 Bund Dill
100 g Crème fraîche
Salz
weißer Pfeffer

Zubereitung

1. Das Fischfilet in mundgerechte Würfel schneiden, mit Salz und Pfeffer bestreuen und mit Zitronensaft beträufelt ca. 10 Minuten ziehen lassen.

2. In der Zwischenzeit die Kartoffeln schälen und in Würfel schneiden. Die Frühlingszwiebeln putzen, waschen, in Ringe schneiden und in einem großen Topf in der erhitzten Butter andünsten. Die Kartoffeln dazugeben und mitdünsten.

3. Den Weißwein und den Fischfond angießen, dann das Lorbeerblatt, die Pfefferkörner und die Wacholderbeeren hinzufügen. Alles zugedeckt bei geringer Hitze ca. 10 Minuten köcheln lassen.

4. Die Gurke waschen, längs halbieren, die Kerne entfernen, das Fruchtfleisch in Stücke schneiden und mit dem Fisch zu den Kartoffeln geben. Ca. 10 Minuten bei geringer Hitze ziehen lassen.

5. Den Dill waschen und trocken schütteln. Einige Zweige beiseitelegen, den Rest fein hacken. Zum Schluss die Crème fraîche unterrühren, das Fischgulasch mit Salz, Pfeffer und gehacktem Dill abschmecken und mit einigen Dillzweigen garniert servieren.

Husumer Krabbenragout

Die Krabbenflotte des Husumer Hafens brachte in guten Jahren reiche Ernte an Land. Aus dieser Zeit stammt das Rezept für dieses Ragout, welches das Gemüse aus den Gärten mit dem Segen des Meeres kombiniert.

Zutaten für 4 Personen

12 kleine Tomaten
1 große Zwiebel
1 TL Butter
1 Stück Sellerie
1 Knoblauchzehe
½ TL getrockneter Thymian
4 EL gehackte Petersilie
1 Lorbeerblatt
1 Prise Cayennepfeffer
500 g Nordsee-Krabbenfleisch
Salz
schwarzer Pfeffer

Zubereitung

1. Die Stielansätze der Tomaten herausschneiden. Die Tomaten mit kochendem Wasser überbrühen, enthäuten und im eigenen Saft in einer Pfanne andünsten.

2. Die Zwiebel abziehen, fein hacken und in der Butter goldgelb andünsten und mit den Tomaten schmoren lassen. Den Sellerie schälen und fein hacken, die Knoblauchzehe abziehen und zerdrücken. Den Sellerie, den Knoblauch, den Thymian, die Petersilie und das zerbröselte Lorbeerblatt in die Pfanne geben. Mit dem Cayennepfeffer – vorsichtig dosieren! –, Salz und Pfeffer abschmecken.

3. Die Krabben dazugeben und alles ca. 10 Minuten bei geringer Hitze gar ziehen lassen. Als Beilage Butterreis und ein kühles Pils servieren.

Heringskoteletts

Früher fand sich in bald jedem Hauptgericht der Küstenbewohner Hering. Zu den Rezepten, die vom Üblichen abweichen, gehören die Heringskoteletts, die etwas vortäuschen sollten, was es nicht gab, nämlich Fleisch, das für den einfachen Bürger meist zu teuer war.

Zutaten für 4 Personen

2 Salzheringe
1 l Buttermilch
1 Bund Petersilie
1 Zwiebel
1 EL Butter
1 Ei
2 altbackene Brötchen
2 EL saure Sahne
2 EL Semmelbrösel
2 EL Butterschmalz
schwarzer Pfeffer

Zubereitung

1. Die Heringe gut 12 Stunden in der Buttermilch einlegen, danach enthäuten und die Köpfe und Flossen abschneiden. Dann filetieren und fein hacken.

2. Die Petersilie waschen, trocken schütteln und fein hacken. Die Zwiebel abziehen und ebenfalls fein hacken. Die Petersilie und die Zwiebel, die Butter, das Ei, die Heringsstücke sowie die in Wasser eingeweichten und ausgedrückten Brötchen gut verkneten. Danach die saure Sahne untermischen und mit Pfeffer abschmecken.

3. Daraus eine handtellergroße, flache Frikadelle formen. Diese mit Semmelbröseln panieren und in dem heißen Butterschmalz goldbraun braten.

Salzhering Laboer Art

Diese Zubereitungsart von Heringen wird auch Feinschmecker begeistern, denn die feinen Zutaten machen aus der ehemaligen Hausmannskost eine außergewöhnliche Speise.

Zutaten für 4 Personen

4 Salzheringe
20 frische Miesmuscheln
2 Zwiebeln
1 Bund Suppengrün
150 g frische Champignons
250 ml trockener Weißwein
1 Lorbeerblatt
4 Nelken
200 g Krabbenfleisch
40 g Butter
Salz
weißer Pfeffer

Für die Soße:
3 Eigelb
125 ml Fischfond
100 g Butter
Salz
schwarzer Pfeffer

Zum Garnieren:
1 unbehandelte Zitrone
einige Stiele Petersilie

Zubereitung

1. Die Salzheringe ausnehmen, die Haut abziehen und die Heringe filetieren. Die Filets einige Stunden wässern.

2. Die Miesmuscheln gründlich unter kaltem Wasser abbürsten und den Bart entfernen. Die Muscheln in Salzwasser garen, bis alle Muschelschalen geöffnet sind, danach das Muschelfleisch aus den Schalen lösen. Muscheln, die sich nicht geöffnet haben, wegwerfen!

3. Die Zwiebeln abziehen und grob hacken. Das Suppengrün putzen, waschen und grob schneiden. Die Champignons mit einem Küchenpinsel reinigen, putzen und in Scheiben schneiden.

4. Den Wein mit 1 Liter Wasser, den Zwiebeln, dem Suppengrün, dem Lorbeerblatt und den Nelken ca. 10 Minuten kochen, mit Salz und Pfeffer würzen, dann durch ein Sieb passieren.

5. Die Heringsfilets und das Muschelfleisch in den Weinsud legen und bei geringer Hitze ca. 6 Minuten ziehen lassen, nicht kochen. Die Filets und die Muscheln aus dem Sud nehmen und warm stellen.

6. Die Champignons mit dem Krabbenfleisch in der Butter andünsten. Mit etwas Salz und Pfeffer würzen.

7. Für die Soße die Eigelbe mit etwas Fischfond verquirlen und im Wasserbad cremig rühren. Die Butter zerlassen und nach und nach zugeben, den restlichen Fischfond einrühren und mit Salz und Pfeffer abschmecken.

8. Das Krabben-Champignon-Gemisch über die Filets mit den Muscheln geben und mit Zitronenscheiben und Petersilie garniert servieren. Zu den Heringen passen kleine, mit Dill bestreute Pellkartoffeln sehr gut.

Schellfisch
auf Lauch

Der Schellfisch ist ein häufiger Fisch in der Ostsee und wird in der Region gerne gegessen – oft auch in geräucherter Form.

Zutaten für 4 Personen

800 g küchenfertiger Schellfisch
3 EL Zitronensaft
5 EL Butter
100 g Zwiebeln
1 Knoblauchzehe
300 g Lauch
1 gelbe Paprikaschote
400 g Kartoffeln
125 ml trockener Weißwein
1 EL gehackte Petersilie
Salz
schwarzer Pfeffer

Zubereitung

1. Den gesäuberten Fisch innen und außen mit Salz und Pfeffer einreiben, die Bauchhöhle zusätzlich mit etwas Zitronensaft beträufeln und zugedeckt ca. 30 Minuten ziehen lassen.

2. Eine feuerfeste Form mit 3 Esslöffeln Butter ausstreichen. Die Zwiebeln und den Knoblauch abziehen, dann die Zwiebeln würfeln und den Knoblauch durch die Presse drücken. Beides auf dem Boden der Form verteilen.

3. Den Lauch putzen, waschen und in Ringe schneiden. Die Paprikaschote waschen, putzen und in Streifen schneiden. Die Kartoffeln schälen und in Scheiben schneiden. Das Gemüse in die Form geben, mit Salz und Pfeffer betreuen und im Backofen bei mittlerer Hitze ca. 30 Minuten halb gar backen.

4. Dann den Fisch auf das Gemüse legen, den Wein angießen und den Fisch mit der restlichen Butter in Flöckchen belegen. Im Backofen ca. 30 Minuten fertig garen. Mit der Petersilie bestreut servieren.

Muscheln Sylter Art

Das schmackhafte Fleisch der Muscheln ist eine Delikatesse für jeden Liebhaber von Meeresfrüchten. Unter den zahlreichen Rezepten für die Zubereitung sind die Muscheln Sylter Art ein absoluter Klassiker.

Zutaten für 4 Personen

1 kg Miesmuscheln
1 große Zwiebel
1 Bund Suppengrün
250 ml trockener Weißwein
4 Lorbeerblätter
20 weiße Pfefferkörner
½ TL Senfkörner
4 Gewürznelken
1 Msp. Zucker
1 Eigelb
125 ml süße Sahne
3 EL gehackter Dill
1 TL Salz
1 Msp. schwarzer Pfeffer

Zubereitung

1. Die Muscheln gut säubern und den Bart entfernen. Die Zwiebel abziehen und grob hacken. Das Suppengrün putzen, waschen und klein schneiden. Gut 1 Liter Wasser in einem hohen Topf mit dem Wein und den Gewürzen, der Zwiebel und dem Suppengrün zu einem Sud kochen.

2. Die Muscheln hineingeben und zugedeckt bei starker Hitze ca. 15 Minuten kochen. Den Topf zwischendurch hin und wieder schütteln, damit alle Muscheln gleichzeitig gar werden. Wenn sich alle Muscheln geöffnet haben, diese aus dem Topf nehmen und warm stellen. Nicht geöffnete Muscheln wegwerfen!

3. Den Sud durch ein Sieb in einen Topf passieren, aufkochen und mit dem Eigelb und der Sahne binden. Den Dill unterrühren. Die Soße mit dem Salz und dem Pfeffer abschmecken, die Muscheln hineingeben und in der Soße servieren. Frisches Roggenbrot mit Butter oder geröstetes Weißbrot passen als Beilage sehr gut dazu.

Muscheln werden mit den Fingern gegessen: Das Fleisch aus einer Schale herausnehmen und diese wie eine Pinzette zum Herauslösen des Fleisches aus den anderen Muscheln verwenden.

Labskaus

Ursprünglich aus der Not heraus entstanden, begeistert das Eintopfgericht aus Seemanszeiten noch heute.

Zutaten für 4 Personen

300 g Kartoffeln
500 g gepökeltes Rindfleisch
1–2 EL Schweineschmalz
2 Zwiebeln
1 Bismarckhering
4 EL Öl
4 Eier
1 Glas eingelegte Rote Bete
8 Gewürzgurken

Zubereitung

1. Die Kartoffeln schälen, in Stücke schneiden und in Salzwasser gar kochen.

2. Das Fleisch ohne Salz in Wasser legen und gar kochen. Herausnehmen und durch die große Scheibe eines Fleischwolfs drehen. Parallel dazu die Salzkartoffeln mit dem Fleisch vermischen.

3. Die Zwiebeln abziehen, fein hacken, glasig dünsten und unter die Fleisch-Kartoffel-Masse mischen. Dann den Bismarckhering zerkleinern und untermengen. Das Ganze unter ständigem Rühren heiß halten.

4. Öl in einer Pfanne erhitzen und die Eier als Spiegeleier braten.

5. Die Fleisch-Kartoffel-Herings-Masse in 4 Portionen aufteilen und jede Portion mit einem Spiegelei krönen. Mit Scheiben von eingelegter Roter Bete und Gewürzgurken servieren.

Labskaus ist ein typisches Seemannsgericht, das in der zweiten Hälfte des 19. Jahrhunderts entstand. Damals hatten die Segelschiffe keinerlei Kühlanlagen an Bord. Die Matrosen mussten sich daher mit Pökelfleisch sowie eigelegten Gurken und Roter Bete als Proviant zufriedengeben.

Süß-sauer gefüllte
Schweinebrust

Die Schweinebrust war früher ein sehr begehrter Sonntagsbraten – am besten lecker gefüllt und mit Petersilienkartoffeln und Rotkohl als Beilage.

Zutaten für 4 Personen

1 kg Schweinebrust
300 g säuerliche Äpfel
250 g entsteinte Backpflaumen
1 EL Paniermehl
2 Eigelb
40 g Butterschmalz
Zucker

Für das Gemüse:
750 g Rotkohl
1 Apfel
1 Zwiebel
1 Nelke
1 EL Zucker
1 EL Essig
40 g Butterschmalz
3 EL Johannisbeergelee

Anstatt mit Äpfeln können Sie die Schweinebrust auch mit süßen Birnen füllen. Hierfür eignen sich vor allem Spätsorten, wie z. B. die Gute Luise.

Zubereitung

1. In die Schweinebrust seitlich eine tiefe Tasche schneiden, die Schwarte rautenförmig einschneiden und das Fleisch rundum leicht salzen.

2. Die Äpfel schälen, entkernen und in Achtel schneiden. Die Backpflaumen und die Äpfel leicht überzuckern, mit dem Paniermehl bestreuen und mit den Eigelben gut vermischen. Die entstehende Masse in die Tasche füllen. Die Öffnung mit einem Holzstäbchen verschließen.

3. Den Backofen auf 180 °C Ober-/Unterhitze vorheizen. Das Butterschmalz in einer Pfanne erhitzen und das Fleisch darin anbraten. Dann die Schweinebrust im Backofen in einem Bräter ca. 90 Minuten braten, zuerst mit der Schwarte nach unten. Nach der Hälfte der Zeit wenden und die Schwarte ab und zu mit kaltem Salzwasser bestreichen.

4. Für das Gemüse den Rotkohl in Streifen schneiden, den Apfel schälen, entkernen und grob raspeln, die Zwiebel abziehen und fein schneiden. Mit der Nelke, dem Zucker und dem Essig in dem heißen Butterschmalz, dem etwa fingerhoch Wasser hinzugegeben wurde, 15 Minuten schmoren. Mit Johannisbeergelee abschmecken und weitere 15 Minuten dünsten. Zu der Schweinebrust servieren.

Festtagsgans

Die Gans als Braten war schon immer der Inbegriff des guten Essens und durfte weder bei einer Hochzeit noch zu Weihnachten fehlen. Mit allerlei Füllungen versehen, bildete sie den Mittelpunkt eines Mahles und stellte andere Braten in den Schatten.

Zutaten für 6–8 Personen

1 küchenfertige Gans (ca. 4–5 kg)
250 g säuerliche Äpfel
250 g entsteinte Backpflaumen
2 EL Semmelbrösel
1 TL Puderzucker
500 ml Geflügelbrühe
2 EL Speisestärke
Salz
schwarzer Pfeffer

Zubereitung

1. Die Gans innen und außen mit Pfeffer und Salz einreiben.

2. Für die Füllung die geschälten, entkernten und gewürfelten Äpfel mit den halbierten Backpflaumen, den Semmelbröseln, dem Puderzucker und etwas Salz und Pfeffer gut vermischen. Den Backofen auf 180 °C (Umluft 160 °C) vorheizen.

3. Die Gans mit der Apfel-Pflaumen-Masse füllen, mit Küchengarn zunähen und mit dem Rücken nach oben auf den Rost den Backofens über die Fettpfanne legen. Ca. 1 Stunde braten. Die Gans umdrehen und unter häufigem Begießen mit dem Bratfett und der Geflügelbrühe in ca. 90 Minuten gar braten.

4. 10 Minuten vor Ende der Garzeit die Gans mehrfach mit etwas kaltem Salzwasser begießen, dabei die Ofentür offen stehen lassen, damit sie gut bräunt. Wenn sie fertig ist, herausnehmen und ca. 10 Minuten warm gestellt ruhen lassen, danach tranchieren.

5. Den Bratensatz durch ein Sieb in einen Topf passieren, entfetten, mit der Speisestärke binden und mit Salz und Pfeffer abschmecken. Klassische Beilagen zur Gans sind Apfelmus, Rotkohl und Salzkartoffeln.

Nordfriesischer *Lammtopf*

Wie die Dithmarscher mit ihrem Lamm-Bohnen-Eintopf, kreierten die Nordfriesen ein eigenes Gericht, das schon bald an der ganzen Küste Verbreitung fand.

Zutaten für 6 Personen

400 g Lammfleisch aus der Schulter
1 EL Butterschmalz
400 g Weißkohl
1 Bund Suppengrün
2 Zwiebeln
125 g Langkornreis
1 ½ l Fleischbrühe
2–3 EL Tomatenmark
1 TL Currypulver
1 TL Zucker
1 Tomate
3 EL gehackte Petersilie
Salz
schwarzer Pfeffer

Zubereitung

1. Das Fleisch in mundgerechte Würfel schneiden. Das Butterschmalz in einer Pfanne erhitzen und die Fleischwürfel darin rundum anbraten, dann aus der Pfanne nehmen.

2. Den Weißkohl putzen, waschen und in Streifen schneiden. Das Suppengrün putzen, waschen und klein schneiden. Die Zwiebeln abziehen und in grobe Würfel schneiden. Das Fleisch in eine feuerfeste Form füllen und schichtweise die Weißkohlstreifen und den Reis darüber geben. Danach die Zwiebeln und das Suppengrün einfüllen. Den Backofen auf 180 °C (Umluft 160 °C) vorheizen.

3. Die Fleischbrühe erhitzen und mit dem Tomatenmark, dem Curry, dem Zucker, Salz und frisch gemahlenem Pfeffer würzen. Danach die Brühe in die Form über das Fleisch und das Gemüse gießen. Alles im Backofen ca. 1 Stunde köcheln lassen. Nicht umrühren.

4. Die Tomate waschen, vom Stielansatz befreien und in 3–4 Stücke teilen. Wenn das Gericht gar ist, mit den Tomatenstücken belegen und mit Petersilie bestreut in der Form servieren.

Gefüllter Kohlkopf
Dithmarscher Art

In Notzeiten war der Kohl immer wieder ein „Überlebensmittel“ in Deutschland. Seinen einstigen Ruf als billiger Sattmacher hat dieses Gemüse aber schon lange hinter sich gelassen, wie unser Rezept mit Nachdruck beweist.

Zutaten für 6 Personen

1 großer Kopf Wirsingkohl
700 g Räucherspeck
1 Lorbeerblatt
5 Pimentkörner
1 Zwiebel
60 g Schmalz
50 g Mehl
¼ TL Zucker
1 Msp. geriebene Muskatnuss
200 g saure Sahne
Salz
schwarzer Pfeffer

Zubereitung

1. Den Strunk aus dem Kohlkopf herausschneiden. Den Kohl in Salzwasser ca. 10 Minuten lang kochen.

2. Den Räucherspeck durch die mittlere Scheibe des Fleischwolfs drehen und beiseitestellen. Den Kohl herausnehmen, abtropfen lassen, halbieren, die inneren Herzblätter herauslösen. In die Aushöhlung den durchgedrehten Räucherspeck füllen.

3. Den Kohlkopf wieder zusammenfügen, mit Küchengarn umwickeln und in Salzwasser mit dem Lorbeerblatt, den Pimentkörnern und der geschälten und kleingeschnittenen Zwiebel aufsetzen. Anschließend die ausgelösten Herzblätter dazugeben und bei mittlerer Hitze in 1 ½ bis 2 Stunden weich kochen. Den Kohl herausnehmen und warm stellen.

4. In einem zweiten Topf das Schmalz zerlassen, das Mehl dazugeben und goldgelb rösten. Dann das Mehl unter ständigem Rühren mit dem Schneebesen in die Kohlbrühe geben. Mit Salz, Pfeffer, dem Zucker und dem Muskat abschmecken und weitere 10 Minuten köcheln lassen. Zum Schluss die saure Sahne unterrühren.

5. Den Kohlkopf auf einer Platte anrichten, das Küchengarn entfernen und die Soße darübergeben.

Gefüllter Kohlkopf Dithmarscher Art

TEE
Buchweizenpfannkuchen
Speckpfannkuchen

Buchweizenpfannkuchen

Die „Bookweetenschubber" kamen früher sonnabends auf den Tisch. Wichtig für den guten Geschmack des „Pannkokens" ist Speck oder Schinken in ausreichender Menge.

Zutaten für 4–6 Personen

500 g Buchweizenmehl
500 ml kalter schwarzer Tee
3 Eier
1 EL Zucker
200 g Räucherspeck in Würfeln
2 EL Butterschmalz
Salz

Zubereitung

1. Das Mehl mit dem Tee, den Eiern, einer Prise Salz und dem Zucker zu einem glatten Teig rühren. Diesen bei Zimmertemperatur mehrere Stunden zugedeckt quellen lassen.

2. Das Butterschmalz in kleinen Portionen in einer Pfanne erhitzen. Jeweils ca. 1 Esslöffel Speckwürfel dazugeben, kurz anbraten, dann etwas Teig darüber gießen und von beiden Seiten knusprig backen. Besonders lecker schmecken die Pfannkuchen mit Heidelbeermus.

Speckpfannkuchen

Im hohen Norden gehört zu den Speckpfannkuchen ein Rübensirup. So verfeinert gehen die Pfannkuchen sogar als Sonntagsmahlzeit durch.

Zutaten für 4 Personen

3 Eier
50 g Mehl
250 ml Milch
40 g Butterschmalz
150 g Räucherspeck
in dünnen Scheiben
Salz

Zubereitung

1. Die Eier trennen. Das Mehl mit der Milch, dem Eigelb und etwas Salz zu einem glatten Teig verrühren. Diesen zugedeckt ca. 15 Minuten quellen lassen. Das Eiweiß steifschlagen und portionsweise unter den Teig heben.

2. Das Butterschmalz in einer Pfanne erhitzen und darin nach und nach einige Speckscheiben von beiden Seiten anbraten, dann etwas Teig darüber gießen und von beiden Seiten goldgelb backen. Grüner Salat schmeckt besonders gut dazu, ebenso wie etwas Sauerrahm, mit Salz und Pfeffer gewürzt.

Grünkohl
und süße Röstkartoffeln

Zutaten für 6 Personen

2 kg frischer Grünkohl
1 große Gemüsezwiebel
100 g Schmalz
5 EL Haferflocken
750 ml Fleischbrühe
800 g kleine, runde Kartoffeln
500 g geräucherte Kochwurst im Naturdarm
500 g frische Mettwurst im Naturdarm
1 EL Puderzucker
2 EL Pflanzenöl
1 EL Zucker
1 Msp. geriebene Muskatnuss
Salz
schwarzer Pfeffer

Zubereitung

1. Den Grünkohl von Stielen und Strünken befreien und grob hacken. Die Gemüsezwiebel abziehen und fein würfeln. Das Schmalz in einem großen Topf erhitzen, die Zwiebelwürfel unter Rühren bei mittlerer Hitze glasig dünsten, dann den Grünkohl dazugeben. Die Haferflocken, Salz und die Brühe hinzufügen und 1 Stunde zugedeckt bei geringer Hitze unter gelegentlichem Rühren dünsten.

2. In der Zwischenzeit die Kartoffeln mit der Schale in Salzwasser garen, pellen und abkühlen lassen. Die Würste auf den Grünkohl legen und noch 30 Minuten auf kleiner Flamme unter gelegentlichem Umrühren köcheln lassen.

3. Etwa 15 Minuten vor Ende der Garzeit eine Pfanne erhitzen, den Puderzucker einstreuen und karamellisieren lassen. Das Öl dazugießen, umrühren und die Kartoffeln darin anbraten. Mit Salz, Pfeffer, dem Zucker und dem Muskat abschmecken und mit den Kartoffeln und Würsten auf einer Platte anrichten.

Was wäre Norddeutschland ohne den Grünkohl? Die Bremer lieben ihn mit Pinkel, die Hamburger mit Kasseler Koteletts und die Schleswig-Holsteiner mit Kochwürsten, geräucherter Schweinebacke, einem deftigen Stück Speck und süßen Kartoffeln.

Schleswiger *Pökelfleisch*

Dieses Gericht ist ein weiteres Paradebeispiel für die im Norden beliebte „brooken-sööt" – die Geschmackskombination aus würzigem Fleisch und süßen Beilagen.

Zutaten für 6 Personen

4 Zwiebeln
3 kg gepökeltes Rindfleisch
4 Lorbeerblätter
8 Nelken

Zubereitung

1. Die Zwiebeln abziehen und grob zerteilen. Das Fleisch abwaschen und in reichlich Wasser mit den Zwiebeln, den Lorbeerblättern und den Nelken bei geringer Hitze ca. 3 Stunden kochen. Dann aus dem Kochsud nehmen, in Scheiben schneiden und auf einer großen vorgewärmten Platte anrichten.

2. Als Beilage zum Pökelfleisch werden Salzkartoffeln, geriebener Meerrettich, eingelegte Rote Bete, eingelegte Gurken, süß-saure Kürbisse, Essigpflaumen, Preiselbeeren oder Apfelmus serviert.

Zuckererbsen mit Mehlpütt

Diese Mehlspeise ist die ostfriesische Antwort auf die Dampfnudel!

Zutaten für 4 Personen

500 g luftgetrockneter Schinken
1 kg junge Zuckererbsen
800 g Mehl
3 Eier
500 ml Milch
1 EL Schmalz
1 TL Zucker
30 g Hefe
Salz

Zubereitung

1. Den Schinken in 500 ml Wasser ca. 1 Stunde dünsten, dann mit den Erbsen weitere 30 Minuten ziehen lassen.

2. Die restlichen Zutaten zu einem Teig verrühren und diesen in ein ausgebreitetes Baumwolltuch legen. Danach den Topfdeckel auf den Teigkloß legen, das Leinentuch über dem Deckel zubinden und auf den Topf mit kochendem Wasser setzen. Alles für 45 Minuten kochen, wobei der Teig nicht im Wasser hängen darf und das Wasser nicht verkochen sollte.

3. Die Erbsen, der Schinken und der Mehlpütt werden getrennt voneinander serviert.

Küster

Katenschinken,
Spargel und Backkartoffeln

Der mild geräucherte Holsteiner Katenschinken ist berühmt und zu Recht begehrt: vor allem in Kombination mit frischem Spargel und neuen Kartoffeln!

Zutaten für 4 Personen

750 g neue Kartoffeln
2 EL Pflanzenöl
1 unbehandelte Zitrone
1,25 kg frischer Spargel
120 g Butter
1 EL Zucker
12 dünne Scheiben Holsteiner Katenschinken (ca. 500 g)
2 EL gehackter Dill
2 EL gehackte Petersilie
1 Packung Kresse
Salz
schwarzer Pfeffer

Zubereitung

1. Den Backofen auf 180 °C (Umluft 160 °C) vorheizen. Die Kartoffeln waschen, längs halbieren, die Schnittflächen mit Öl bepinseln und gleichmäßig mit Salz bestreuen. Ein Backblech dünn mit Öl bestreichen, die Kartoffeln mit der Schnittfläche nach oben darauf setzen und im Backofen je nach Größe 35 bis 40 Minuten backen.

2. In der Zwischenzeit die Zitrone heiß abwaschen, gründlich trocken reiben und in Scheiben schneiden. Den geputzten Spargel in ca. 2 Liter leicht gesalzenem Wasser mit 2 Esslöffeln Butter, den Zitronenscheiben und dem Zucker zum Kochen bringen. Bei geringer Hitze 15 bis 18 Minuten garen.

3. Danach aus dem Wasser nehmen und gut abtropfen lassen. Etwa 3 Esslöffel Butter schmelzen, den Spargel darin schwenken und warm stellen. Die restliche Butter in einem kleinen Topf schmelzen, aber nicht bräunen.

4. Die Kartoffeln, den Spargel und den Schinken auf vorgewärmten Tellern mit dem Dill, der Petersilie und der Kresse bestreut sowie mit der flüssigen Butter als Soße servieren.

Im Holsteinischen findet man zahlreiche Räuchereien, die in alten Katen Hunderte von Schinken in aller Ruhe nach dem Pökeln im Rauch reifen lassen.

Wildenten
mit Pilzsoße

Das Fleisch der Wildente gilt als besonders edel, weil es so zart ist. Junge Tiere haben zudem einen feinen, würzigen Geschmack.

Zutaten für 4 Personen

2 küchenfertige Wildenten à ca. 500 g
1 große Zwiebel
100 g durchwachsener Räucherspeck
250 ml Fleischbrühe
250 g Champignons
125 g saure Sahne
1 Eigelb
1 Bund Petersilie
Salz
schwarzer Pfeffer

Zubereitung

1. Die Enten innen kräftig mit Salz und Pfeffer einreiben. Die Zwiebel abziehen und in Würfel schneiden, den Räucherspeck ebenfalls würfeln. Den Speck in einer Pfanne etwas ausbraten, dann die Zwiebelwürfel dazugeben und goldgelb andünsten.

2. Das Speck-Zwiebel-Gemisch in einen großen Bräter füllen und die Enten darin bei starker Hitze rundum anbraten. Die Hitze reduzieren und die Enten ca. 40 Minuten braten, dabei ab und zu wenden. Danach die Fleischbrühe angießen und die Enten weitere 40 Minuten garen.

3. Zwischenzeitlich die Champignons mit einem Küchenpinsel säubern. Nicht waschen, da sie sich schnell mit Wasser vollsaugen und an Geschmack verlieren! Die Stielenden abschneiden und die Pilze vierteln. Ca. 20 Minuten vor Ende der Garzeit zu den Enten in den Bräter geben und mit schmoren lassen.

4. Wenn sie gar sind, die Enten aus dem Bräter nehmen, in Alufolie einschlagen und warm stellen.

5. Die saure Sahne, das Eigelb und die fein gehackte Petersilie in den Bratenfond rühren und die Soße abschmecken.

6. Die Enten portionieren und auf einer vorgewärmten Platte anrichten, die Soße getrennt servieren.

"Lübecker Rotspon"
BORDEAUX

Hasenrücken
Lübecker Art

Hasenfleisch war in der Region schon immer beliebt. Sofern man es sich leisten konnte, wurden daraus Pasteten gebacken, Eintöpfe und Ragouts zubereitet und die edelsten Teile wie Keule und Rücken aufs Feinste angerichtet. Hase auf Lübecker Art ist typisch für die ganze Ostseeküste.

Zutaten für 4 Personen

1 küchenfertiger Hasenrücken
ca. 600 g
1 EL Estragonsenf
125 g Schinkenspeck
in Scheiben
250 g fetter Räucherspeck
in Scheiben
1 Lorbeerblatt
100 ml Rotwein
120 g saure Sahne
Salz
schwarzer Pfeffer

Zubereitung

1. Den Hasenrücken dünn mit dem Estragonsenf bestreichen, dann mit den Schinkenspeckscheiben belegen. Einen Bräter oder eine feuerfeste Form mit dem fetten Speck auslegen, das Lorbeerblatt dazugeben und den Hasenrücken in die Form legen.

2. Im Backofen bei starker Hitze ca. 40 Minuten garen. Sobald der Rücken zu bräunen beginnt, hin und wieder mit dem Rotwein und etwas Bratenfond übergießen.

3. Wenn er gar ist, den Hasenrücken aus dem Bräter nehmen, in Alufolie einschlagen und warm stellen.

4. Aus dem Bratenfond das Lorbeerblatt und die Speckreste entfernen. Danach die saure Sahne einrühren und die Soße mit Salz und Pfeffer abschmecken.

5. Den Hasenrücken tranchieren und auf einer vorgewärmten Platte anrichten. Die Soße getrennt dazu reichen. Als Beilagen sind Kartoffelpüree und Preiselbeerkompott ideal.

Wer die Soße etwas sämiger mag, kann sie vor dem Servieren noch mit etwas Speisestärke andicken.

Beerenbeslag

Birnenbeschlag

Die Zeit der Birnenreife wurde auf dem Lande herbeigesehnt, denn danach gab es zahlreiche Süßspeisen, Kuchen und natürlich den Birnenbeschlag: süße Birnen mit kernigem Speck.

Zutaten für 6 Personen

1 kg Kochbirnen
1 unbehandelte Zitrone
½ Zimtstange
2 Nelken
6 EL Zucker
100 g Butter
4 Eier
500 g Mehl
1 Backpulver
250 ml Milch
400 g fetter Speck in Scheiben
Fett für die Form
Salz

Zubereitung

1. Die Birnen schälen, halbieren und entkernen. Die Zitrone abwaschen, gründlich trocken reiben, schälen, die weiße Haut entfernen, die Schale in Würfel und das Fruchtfleisch in Scheiben schneiden.

2. Die Birnen mit den Zitronenscheiben, der gewürfelten Zitronenschale, der Zimtstange, den Nelken und 3 Esslöffeln Zucker ca. 10 Minuten köcheln, dann abkühlen lassen.

3. Aus der Butter, dem restlichen Zucker, den Eiern, dem Mehl, dem Backpulver, der Milch und 1 Msp. Salz einen glatten, nicht zu weichen Rührteig herstellen. Den Backofen auf 180 °C (Umluft 160 °C) vorheizen.

4. Den Boden einer großen Auflaufform mit den Speckscheiben auslegen. Den Rand etwas einfetten. Dreiviertel der Birnen dicht nebeneinander auf den Speck legen und 4–5 Esslöffel Kochsaft darüber träufeln. Den Teig in die Form geben, die Birnen gänzlich damit bedecken und ca. 1 ½ Stunden backen. Nach der Hälfte der Backzeit die Form mit Alufolie abdecken.

5. Die restlichen Birnen pürieren, mit dem Kochsaft mischen und heiß als Kompott zu dem Birnenbeschlag servieren.

Bickbeer-
Blechkuchen
Kalte Holundermilch

Bickbeer-Blechkuchen

Die Bickbeeren, hochdeutsch Heidel- oder Blaubeeren genannt, wachsen nicht nur in den Wäldern der Ostseeregion, sondern ebenso auf den weniger ertragreichen Böden der Geest.

Zutaten für 1 Backblech

400 g Mehl
1 Päckchen Backpulver
4 Eier
150 g Butter
250 g Zucker
1 unbehandelte Zitrone
400 g streichfähiger Frischkäse
500 g Heidelbeeren
50 Mandelblättchen
Fett für das Blech

Zubereitung

1. Das Mehl mit dem Backpulver, 2 Eiern, der Butter und 100 g Zucker zu einem Mürbeteig verkneten und diesen auf einem gefetteten Backblech ausrollen. Den Backofen auf 180 °C (Umluft 160 °C) vorheizen.

2. Die Zitrone heiß abwaschen, trocken reiben und die Schale rundherum abreiben. Den Frischkäse mit den restlichen Eiern, dem restlichen Zucker und dem Zitronenabrieb verrühren. Danach die Heidelbeeren untermischen.

3. Den Belag auf den Teig streichen, mit den Mandelblättchen bestreuen und ca. 50 Minuten backen.

Kalte Holundermilch

Zutaten für 4–6 Personen

2 Holunderblütendolden
1 l Milch
2 Eier
2 EL Speisestärke
100–130 g Zucker
Zimt und Zucker zum Bestreuen
Salz

Zubereitung

1. Die Holunderblüten in der Milch ca. 10 Minuten köcheln, dann herausnehmen. Die Eier trennen und die Eigelbe verquirlen. Die Milch mit der Speisestärke binden und vom Herd nehmen. 60–80 g Zucker, etwas Salz und die Eigelbe einrühren.

2. Das Eiweiß mit etwas Zucker steifschlagen. Von dem Eischnee Klößchen abstechen und auf die heiße Milch legen, die Zucker-Zimt-Mischung darüber streuen und den Topf zudecken, damit die Eischneeklößchen gar werden. Vor dem Servieren gut kühlen.

Quetschmadam

Birnen sind eine typische Zutat der norddeutschen Küche. Für dieses Gericht benötigt man süße, saftige Birnen, die gut zum Milchreis passen.

Zutaten für 4 Personen

500 g Birnen
1 unbehandelte Zitrone
3 EL Zucker
500 ml Milch
1 Stange Zimt
150 g Milchreis
200 ml Erdbeersaft
1 EL Puddingpulver

Zubereitung

1. Die Birnen schälen, entkernen und in Stücke schneiden. Von der heiß abgewaschenen, abgetrockneten Zitrone die Zeste dünn abschälen und beiseitestellen. Dann den Saft auspressen. Die Birnenstücke in wenig Wasser mit 1 Esslöffel Zucker und etwas Zitronensaft dünsten.

2. Die Milch mit dem restlichen Zucker, der Zimtstange und der Zitronenschale aufkochen, den Reis einstreuen und bei geringer Hitze ca. 20 Minuten quellen lassen.

3. Den Erdbeersaft aufkochen und mit dem Puddingpulver binden. Die Birnen und den Reis heiß oder kalt servieren. Den Erdbeersaft getrennt dazu reichen.

Bauernmädchen im Schleier

Ursprünglich stammt diese Nachspeise nicht aus Schleswig-Holstein, sondern wurde von den Dänen übernommen. Das Bauernmädchen wird übrigens durch das Schwarzbrot symbolisiert, den Schleier bildet die süße Schlagsahne.

Zutaten für 4 Personen

1 EL Butter
2 EL Puderzucker
400 g geriebenes Schwarzbrot
100 g Himbeermarmelade
200 g Apfelmus
4 EL Semmelbrösel

Zum Garnieren:
ca. 125 ml süße Sahne
Zucker nach Belieben

Zubereitung

1. Die Butter in einem Topf schmelzen lassen und den Puderzucker darin karamellisieren. Das Schwarzbrot dazugeben und rühren, bis eine geschmeidige Masse entsteht.

2. Etwas abkühlen lassen, dann in 4 Gläser schichtweise abwechselnd einen Teil der Schwarzbrotmasse, die Himbeermarmelade und das Apfelmus einfüllen. Zum Schluss die Semmelbrösel darüber streuen und erkalten lassen. Mit leicht gesüßter Schlagsahne servieren.

Errötende *Jungfrau*

Die rote Gelatine, früher öfters durch etwas Saft ersetzt, ist hier namensgebend, denn sie lässt das Gericht ganz zart „erröten".

Zutaten für 4 Personen

500 ml Buttermilch
500 ml süße Sahne
Saft von ½ Zitrone
125 g Zucker
1 Päckchen Vanillezucker
50 g geriebene Mandeln
8 Blatt rote Gelatine

Zubereitung

1. Die Buttermilch und die Sahne mit dem Zitronensaft, dem Zucker, dem Vanillezucker und den Mandeln vermischen.

2. Die Gelatine nach Packungsvorschrift in 100 ml heißem Wasser auflösen und zur Milch geben. Gut umrühren, in eine Glasschale füllen und erstarren lassen. Dazu passt am besten ungesüßte Schlagsahne.

Rote Grütze

Die „Rode Grütt" aus frisch geernteten Beeren ist ein Gedicht. Sie schmeckt so gut, dass sie einen Siegeszug nach Skandinavien und quer durch Deutschland antrat.

Zutaten für 4 Personen

500 g entstielte rote Johannisbeeren
250 g Himbeeren
¼ Vanillestange
200 g Zucker
150 g Speisestärke

Zubereitung

1. Die Beeren waschen und verlesen. In ca. 1 ½ Liter Wasser knapp weich kochen und dann durch ein feines Sieb streichen.

2. Die Fruchtmasse mit der Vanillestange und dem Zucker nochmals einige Minuten unter Rühren kochen, dann mit der in etwas kaltem Wasser angerührten Speisestärke binden. In eine mit kaltem Wasser angefeuchtete Form füllen und kalt stellen.

Errötende Jungfrau
Rote Grütze

Apfelgrütze
Rhabarbergrütze

Apfelgrütze

Dieses Gericht war ursprünglich eine Verbindung aus der damals üblichen Grütze und den Äpfeln, die überall wuchsen. Im Laufe der Zeit wurde der Anteil der Grütze immer weniger, bis sie schließlich nur noch im Namen übrig blieb.

Zutaten für 4 Personen

1 kg Äpfel
2 EL Speisestärke
100–150 g Zucker
Saft von 1 Zitrone
Milch nach Belieben

Zubereitung

1. Von den Äpfeln die Stiele und Blütenansätze entfernen. Das Fruchtfleisch mit Schale und Kerngehäuse in Stücke schneiden und in wenig Wasser weich kochen, dabei ab und zu umrühren.

2. Die weichen Apfelstücke durch ein nicht zu feines Sieb in einen Topf streichen. Das Mus nochmals aufkochen und die in etwas kaltem Wasser angerührte Speisestärke einrühren. Den Zucker und den Zitronensaft dazugeben und erkalten lassen. Mit kalter Milch servieren.

Rhabarbergrütze

Zutaten für 4 Personen

750 g Rhabarber
250 g Zucker
1 unbehandelte Zitrone
1 Zimtstange
100 ml lieblicher Weißwein
125 g Sago
nach Belieben Milch, Schlagsahne oder Vanillesoße

Zubereitung

1. Den Rhabarber waschen, ungeschält in kleine Stücke schneiden und mit dem Zucker vermischen. Die Zitrone heiß abwaschen, gründlich trocken reiben und die Schale spiralförmig dünn abschälen, dann den Saft auspressen.

2. Den Rhabarber, die Zitronenschale, den Zitronensaft und die Zimtstange mit 500 ml Wasser, dem Wein und dem Sago in einen Topf geben, unter Rühren aufkochen und ca. 20 Minuten bei geringer Hitze köcheln lassen. Nochmal abschmecken.

3. Die Zitronenschale und die Zimtstange herausnehmen. Die Grütze erkalten lassen. Mit kalter Milch, Schlagsahne oder Vanillesoße servieren.

Futtjens

Diese leckeren, auch „Förtchen“ genannten Teigbällchen sind vor allem an der Westküste Schleswig-Holsteins sehr beliebt.

Zutaten für 4 Personen

2 TL Hefe
1 l Milch
100 ml süße Sahne
100 g Butter
500 g Mehl
10 Eier
2 EL Zucker
1 TL Kardamom
65 g gemahlene Mandeln
50 g Rosinen
500 ml Pflanzenöl
Zucker und Zimt nach Belieben

Zubereitung

1. Die Hefe in wenig lauwarmer Milch auflösen. Die restliche Milch mit der Sahne und der Butter in einem großen Topf erhitzen. Den Topf vom Herd nehmen, bevor die Masse zu kochen beginnt. Das Mehl hinzufügen und zu einem Kloß verrühren. Dann den Topf wieder auf den Herd stellen und rühren, bis sich auf dem Topfboden ein weißer Belag gebildet hat.

2. Den Topf vom Herd nehmen und nacheinander die Eier, den Zucker, den Kardamom und die Mandeln hineinrühren. Zuletzt die angerührte Hefe und die Rosinen dazugeben. Den Teig ca. 45 Minuten gehen lassen.

3. Das Öl erhitzen. Von dem Teig mit einem Löffel Klöße abstechen und in dem heißen Öl schwimmend goldgelb backen. Nach dem Abtropfen in einem Zimt-Zucker-Gemisch wenden. Heiß oder kalt servieren.

Neujahrskoken

An besonderen Festtagen musste das Backwerk außergewöhnlich sein: In den Neujahrskuchen wird reichlich Kandis verwendet, der früher teuer und knapp war.

Zutaten für 4 Personen

350 g weißer Kandis
500 g Weizenmehl
3 Eier
250 g Butter
je 1 Msp. Kardamom und Anis
250 ml Milch
Kandis zum Bestreuen

Zubereitung

1. Einen Liter Wasser zum Kochen bringen. Den Kandis darin auflösen und mit dem Mehl, den Eiern, der Butter, etwas Kardamom und Anis sowie der Milch zu einem glatten, nicht zu dünnen Teig verrühren.

2. Im Waffeleisen portionsweise goldbraun backen und mit zerstoßenem Kandis bestreut servieren.

Futtjens
Neujahrskoken

Büsumer Eierpunsch

Dithmarscher Kaffee

Büsumer *Eierpunsch*

Auch die Frauen griffen früher bei Branntwein, Korn oder Rumgetränken zu, gerne auch in der „Verkleidung“ eines Eierpunschs.

Zutaten für 4 Gläser

250 ml 40%iger Rum
8 Eier
3 EL Zucker
je 1 Msp. gemahlener Ingwer, Nelkenpulver und getrocknete Zitronenschale

Zubereitung

1. 250 ml Wasser erhitzen, aber nicht kochen. Ebenso den Rum erwärmen. Beides warm halten.

2. Die Eier trennen. Die Eigelbe in einem Topf mit dem Zucker schaumig schlagen. Das heiße Wasser unter ständigem Rühren dazugeben.

3. Mit den Gewürzen abschmecken und den vorgewärmten Rum hineinrühren. Das heiße, schaumige Getränk in vorgewärmten Punschgläsern servieren.

Dithmarscher *Kaffee*

In Zeiten, in denen der Alkohol den Männern vorbehalten war, tranken die Dithmarscher Frauen ihren Kaffee fortan mit einem Ei als Stärkungsmittel – ohne alkoholische Zutat.

Zutaten für 4 Gläser

1 Ei
8 TL gemahlener Kaffee

Zubereitung

1. Einen Liter Wasser zum Kochen bringen. In der Zwischenzeit das ganze Ei mit etwas kaltem Wasser verquirlen und den gemahlenen Kaffee einrühren.

2. Diese Mischung in das sprudelnde Wasser geben und alles zwei- bis dreimal aufkochen lassen, filtern und heiß servieren.

Pharisäer

Die Flensburger Handelsherren führten den Rum im ganzen Land ein. Das löste „Gastereyen" aus, die den Argwohn der Obrigkeit erregten. So besann sich jede Region auf Getränke – wie dieses –, denen man den geliebten Alkohol nicht gleich ansah.

Zutaten für 1 Tasse

50 ml starker Kaffee
3 Stück Würfelzucker
3 cl Rum
2 EL steif geschlagene süße Sahne

Zubereitung

1. Eine hohe Tasse zur Hälfte mit frischem heißen Kaffee füllen, den Zucker und den angewärmten Rum dazugeben und kurz umrühren.
2. Eine Sahnehaube darauf setzen. Nicht mehr umrühren und durch die Sahnehaube trinken.

Pellwormer *Teepunsch*

Harmlos sieht der Punsch, das „Nationalgetränk" der Nordfriesen, in den kleinen Tassen aus – aber der Schein trügt!

Zutaten für 8–10 Tassen

1 l nicht zu starker schwarzer Tee
1 Flasche Kümmelschnaps
Kandiszucker

Zubereitung

1. Etwas Kandiszucker in kleine Teetassen geben, dann zur Hälfte mit dem heißen Tee auffüllen.
2. Einen guten Schluck Kümmelschnaps in jede Tasse geben, umrühren und heiß trinken.

Pharisäer
Pellwormer Teepunsch

Rumtopf

Um das leckere Sommerobst zu konservieren, muss es nicht immer Marmelade, Kompott oder Gelee sein. Ob zu Eiscreme, Schlagsahne oder pur – der Rumtopf ist immer ein Genuss.

Zutaten

500 g Früchte (Erdbeeren, Himbeeren, rote Johannisbeeren, entsteinte Kirschen, Stachelbeeren, Renekloden)
500 g Zucker
1 l Rum (55 %)

Zubereitung

1. Alle Zutaten in einen Steintopf geben, diesen gut mit einem Deckel verschließen, bis man die nächste Lage von Früchten hinzufügt. Bei diesen Gelegenheiten sollte der Rumtopf unbedingt umgerührt werden.

2. Den Rumtopf für ca. 4 Wochen an einem kühlen Ort aufbewahren und ziehen lassen. Auf diese Weise Monat für Monat weiteres Saisonobst und 250 g Zucker hinzufügen. Die Früchte sollten immer einen Finger breit mit Rum bedeckt sein. Die Reifezeit beträgt nach dem Hinzufügen der letzten Fruchtlage noch mindestens 4 Wochen.

3. Wenn man keine Gelegenheit hat, die Fruchtarten einzeln aufzufüllen, kann man sie selbstverständlich auch auf einmal aufsetzen.

Wer im Winter einen leckeren Rumtopf genießen möchte, sollte diesen rechtzeitig zur Erdbeersaison ansetzen. Sie sind eine hervorragende Basis.

Schriftgelehrter

Zutaten für 1 Tasse

50 ml heißer Kakao
3 Stück Würfelzucker
3 cl Rum
2 EL steif geschlagene süße Sahne
1 Msp. Kakaopulver

Zubereitung

1. Den Kakao in eine hohe Tasse füllen, den Zucker und den angewärmten Rum dazugeben und umrühren.
2. Die Sahne als Haube darauf setzen und Kakaopulver darüber streuen. Durch die Sahnehaube trinken.

Dieses süffige Heißgetränk gilt oft als der kleinere Bruder des Pharisäers, weil es aus Kakao und nicht aus Kaffee zubereitet wird. Und richtig, der Schriftgelehrte ist lieblicher, und dem Rum scheint die Verbindung mit dem Kakao gut zu bekommen.

Helgoländer *Feuer*

Um an langen und kalten Winterabenden etwas „för de Seel" zu haben, bereitet man auf der Insel gerne mal einen Punsch zu, bei dem ein ordentlicher Schuss Rum für das nötige Feuer sorgt.

Zutaten für 1 Glas

3 Stück Kandiszucker
3 cl Rum
30 ml Weißwein
30 ml heißes Wasser

Zubereitung

1. Den Kandiszucker in ein Glas geben, den angewärmten Rum und den erhitzten Weißwein dazugeben.
2. Mit heißem Wasser auffüllen und sofort servieren.

Schriftgelehrter
Helgoländer Feuer

Register

SIGLOCH EDITION

Dieses Buch des Autors Norbert von Frankenstein ist ursprünglich in der erfolgreichen Buchreihe „Kulinarische Streifzüge" der Sigloch Edition erschienen, wurde von uns aktualisiert und damit zu neuem Leben erweckt.

Genehmigte Lizenzausgabe
EDITION XXL GmbH
Industriestraße 19
64407 Fränkisch-Crumbach 2020
www.edition-xxl.de

Projektleitung: Sonja Sammüller
Layout, Satz und Umschlaggestaltung:
design cat GmbH

ISBN 978-3-89736-843-9

Der Inhalt dieses Buches wurde von Autor und Verlag sorgfältig erwogen und geprüft. Es kann keine Haftung für Personen-, Sach- und/oder Vermögensschäden übernommen werden.

Bildnachweis:
Shutterstock: Adam J 21; adehoidar 76; Andrey Lebedev 22; anela.k 53; arigato 2-79; Binh Thanh Bui 6; canadastock 3; flowersmile Cover, 1-79; Food Impressions Cover; Hein Nouwens 36; NeydtStock 35; PRESSLAB Cover; Tashsat 2-79; Tim UR 75; Werner Spremberg 2, 79,

design cat GmbH, SIGLOCH EDITION: Cover, 2-5, 7-12, 14, 15, 17-20, 23, 24, 27-30, 33, 34, 37, 38, 41, 42, 45, 46, 48, 50-52, 55, 56, 59, 60, 62, 63, 65, 66, 67, 69, 70, 73, 74, 77